NEUE GEMEINDELIEDER

ONCKEN VERLAG WUPPERTAL UND KASSEL

Liedauswahl und Bearbeitung:

Günter Balders, Wolfgang Bauer und Hartmut Stiegler

3. Auflage 1994

Notengraphik und Satz: prima nota, Korbach
Umschlaggestaltung; Carsten Buschke, Solingen
Umschlagfoto: Maehl - ZEFA, Düsseldorf
Druck: Druckhaus Ernst Kaufmann, Lahr
ISBN-3-7893-7843-7

Inhalt

Anbetung

1

D Hm A D G D
1. Hei-lig, hei-lig, hei-lig! Gott, dir sei Eh-re!
A Hm A E7 A A7
Dir gilt un-ser Lob, das dich früh am Mor-gen preist,
D Hm A D G D
hei-lig, hei-lig, hei-lig, Herr der Him-mels-hee-re,
Hm D7 G D7 G A7 D
gnä-dig, all-mäch-tig, Va-ter, Sohn und Geist.

2. Heilig, heilig, heilig! singen die Erlösten, / und das Lied des Lammes ertönt für allezeit. / Alle Engel dienen dir, dem Allerhöchsten, / dem, der da war und ist in Ewigkeit.

3. Heilig, heilig, heilig! Unserm Blick entnommen / – aus der Welt der Sünder dir niemand nahen kann: / du bist voller Liebe selbst zu uns gekommen –, / dich beten wir als Herrn und Heiland an.

4. Heilig, heilig, heilig! Himmel, Land und Meere, / alle Kreatur ihren Schöpfer rühmt und preist. / Heilig, heilig, heilig! Gott allein die Ehre, / Quell allen Lebens, Vater, Sohn und Geist!

Text: Reginald Heber 1826
Übersetzung: Günter Balders 1992
Melodie: John B. Dykes 1861

2

Kanon: Jugend für Christus, Mühltal

3 Psalm 145,1-8; 146,6

Text und Melodie: Peter West, Mary Kirkbride, Mary-Lou Locke 1979
Übersetzung: Martin Franke

4 Jesaja 6,3

Melodie: Nolene Prince; Satz: Hans-Werner Scharnowski; © 1976 Scripture In Song/
Thank you Music (England) für D, A, CH, FL: Hänssler-Verlag, Neuhausen-Stuttgart

5 Psalm 97,9

Texterfassung und Melodie: Pete Sanchez 1977
Übersetzung: Gitta Leuscher
Satz: Marion Warrington

6

2. Herr, unser Gott, allmächtiger Gott, du bist gerecht, in allem gerecht. Wo du bist, da kann ich nicht besteh'n, denn dort werd' ich mich in deinem Licht seh'n. Herr, du bist gerecht, in allem gerecht.

3. Herr, unser Gott, allmächtiger Gott, du kommst zu uns, durch Jesus zu uns. Da bist du und baust den Weg zu dir, voll Staunen und Ehrfurcht stehen wir hier, denn du kommst zu uns, durch Jesus zu uns.

4. Herr, unser Gott, allmächtiger Gott, du wohnst im Licht, in strahlendem Licht. Wo du bist, da soll'n auch wir mal sein. Wir freu'n uns darauf, denn du lädst uns ein zu dir, hin ins Licht, ins strahlende Licht.

Text: Marion Schäl; Melodie: Gilbrecht Schäl

Vom Tonsatz abweichende Gitarrenharmonien!

2. Jesus Christus, Jesus Christus, dir allein sei Lob und Ehre: Durch dein Blut sind wir gerettet, dein Tod spricht uns nun frei. Jesus, dir sei Lob und Ehre.

3. Gottes Geist, Gottes Geist, du wohnst in uns, Gott zur Ehre. Komm, gestalte unser Leben als Werkzeug deiner Kraft. Du wohnst in uns, Gott zur Ehre.

4. Halleluja, halleluja, Gott allein sei Lob und Ehre. Seinen Namen will ich preisen, ihn bete ich jetzt an. Gott allein sei Lob und Ehre.

Text und Musik: Per-Olof Karlsson/dtsch. T.: Perter Strauch,
Originaltitel: Du ar värdig lov och ära

8

Psalm 104,31.33

9 Psalm 98,1

Kanon: mündlich überliefert

10

Text und Melodie: unbekannt; Satz: Marion Warrington

11 Psalm 113,1-3

Textfassung: Jugend mit einer Mission
Melodie: Paul Deming

12

Psalm 86,5; Hebräer 4,16

Text (nach Psalm 86, 5; Hebräer 4, 16) und Melodie: Graham Kendrick
Übersetzung: Gitta Leuschner

13

Text und Melodie: Norbert Jagode 1984; Rechte beim Verfasser

Zusammen mit Nr. 14 zu singen

14 Psalm 75,2

Textunterlegung und Melodie: Steve Smith; Übersetzung: JMEM

15

Text und Melodie: Laurie Klein; Übersetzung: Gitta Leuschner

Text und Melodie: Bob Fitts; Übersetzung: Jugend mit einer Mission

17

2. Jesus, wir stehn vor dir. Jesus, wir stehn vor dir, um deine Liebe recht anzuschauen. Jesus, wir stehn vor dir.

3. Heiliger Geist der Kraft. Heiliger Geist der Kraft. Du bist der Beistand und unser Tröster. Heiliger Geist der Kraft.

Text und Musik: Kommunität Gnadenthal

Auch einstimmig ohne Begleitung zu singen

18 Psalm 117,1

Gesang aus Taizé; Musik: Jacques Berthier;

19 ①

Textanordnung und Kanon: Paul Kickstat; Ostinato: Paul Ernst Ruppel 1993

1. Krönt Je - sus, un - sern Herrn, das
Lamm auf Got - tes Thron. Hört, wie im Him - mel
schon er - klingt das Lied vom Got - tes - sohn!
Er - wa - che, Herz, und sing von

2. Krönt Jesus, unsern Herrn, der aus dem Grab erstand / und so den großen Sieg erstritt, die Macht des Bösen band. / Wir singen nun von dem, der das für uns vollbracht: / Er starb und lebt und hat vom Tod uns ewig freigemacht!

3. Krönt Jesus, unsern Herrn, der Frieden uns gebracht / und dessen Szepter allem Streit der Welt ein Ende macht. / Das Reich ist ewig sein, das wir im Glauben sehn; / bekennen wird es jeder Mund, wenn wir dort vor ihm stehn.

4. Krönt Jesus, unsern Herrn, der uns zuerst geliebt, / ihn, dessen Liebe allen gilt und der die Schuld vergibt. / Er starb für uns am Kreuz, erstand in Herrlichkeit. / Dem Gotteslamm sei Preis und Ehr in alle Ewigkeit.

Text: Strophe 1,3,4 Matthew Bridges 1851; Übersetzung: unbekannt
Bearbeitung: Hamburg 1992
Strophe 2 Godfrey Thring 1874; Übersetzung: nach Theodor Werner 1956
Melodie: George J. Elvey 1868

21

1. Laut rüh - met Je - - - su Herr - lich -
keit! Ihn preist die En - gel - welt, ihn preist die
En - gel - welt. Die Kro - ne bringt, das
Pur - pur - kleid, und krönt
und krönt ihn, krönt ihn,

2. Erlöste Schar vor Gottes Thron, in seinen Dienst gestellt, in seinen Dienst gestellt, bringt Ehre, Lob und Dank dem Sohn und krönt ihn, krönt ihn, krönt ihn, krönt ihn zum Herrscher aller Welt.

3. Wenn einst durch alle Länder klingt das Lied vom Friedensheld, das Lied vom Friedensheld, dann freut euch, jubelt, jauchzt und singt und krönt ihn, krönt ihn, krönt ihn, krönt ihn zum Herrscher aller Welt.

Text: nach Edward Perronet 1779
Übersetzung: Strophe 1 Berlin 1908; Strophe 2-3 Wiard Popkes 1983
Melodie: James Ellor 1838

22 Offenbarung 19,6.7

Text: Offenbarung 19, 6.7; Melodie: Dale Garratt

23 Philipper 2,9; Matthäus 1,23

Text und Melodie: Naida Hearn 1974

Zusammen mit Nr. 24 zu singen

24

Jesaja 9,5.6

Textfassung und Melodie: Jim und Ann Mills 1977

25 Psalm 43,3

Kanon: Friedrich Schneider vor 1853

26

2. Lobt ihn mit Händen und mit Mund, und euer Leben mache kund: Heilig ist der Herr, heilig ist nur er. Er ist würdig, er ist würdig.

Text und Musik: Graham Kendrick
Übersetzung: Hartmut Stiegler

Auch als Kanon zu singen (Einsatz bei den Stichnoten)

27

2. Jesus, unser König, hören wollen wir auf dich! Rühr uns an mit deiner Kraft, wir ehren dich!

3. Gib uns deinen Heil'gen Geist, der uns aus der Trägheit reißt. Rühr uns an mit deiner Kraft, wir ehren dich!

Text und Melodie: Graham Kendrick; Übersetzung: Hartmut Stiegler

2. Und wir geben dir die Ehre, wir geben dir die Ehre, und wir geben dir die Ehre, Christus, unser König. Wir lieben …

3. Und wir geben unser Leben, wir geben unser Leben, und wir geben unser Leben, Christus, unserm König. Wir lieben …

Text und Melodie: Gee Baas 1983
Übersetzung: Jugend mit einer Mission
Arrangement: Helen Bousfield 1983

Offenbarung 5,12 **29**

Auch als zweistimmiger Kanon zu singen

Textfassung und Melodie: Beat Schmid 1985

30 Offenbarung 22,17

Melodie: Komponist unbekannt

Lob und Dank

31

Verfasser unbekannt

Auch als Kanon zu drei Stimmen zu singen

32 Psalm 150

2. Lobet ihn mit den Posaunen, lobet ihn, lobet ihn mit Psalter und mit Harfen! Lobet ihn mit Pauken und mit Reigen. Lobet ihn mit Saiten und mit Pfeifen. Alles, was Odem hat …

3. Halleluja! Lobet Gott in seinem Heiligtum, lobet ihn in der Feste seiner Macht! Lobet ihn mit hellen Zimbeln, lobet ihn. Lobet ihn mit wohlklingenden Zimbeln. Alles, was Odem hat …

Textgestaltung und Melodie: Bernd Draffehn

33

Psalm 104,33-35

Textfassung und Melodie: Donya Brockway 1972
Übersetzung: Gerhard Schnitter

1. Du gro-ßer Gott, wenn ich die Welt be - trach - te,
wenn ich auf al - le je - ne We - sen ach - te,
die du ge - schaf - fen durch dein All-machts - wort,
die du re - gierst und näh - rest fort und fort,
dann jauchzt mein Herz dir, gro - ßer Herr - scher
zu: Wie groß bist du, wie groß bist du!

2. Blick ich empor zu jenen lichten Höhen / und seh die Sonne strahlen wunderbar / und seh den Mond des Nachts am Himmel stehen / und all der Sterne unzählbare Schar, / dann jauchzt mein Herz, dir, großer Herrscher, zu: Wie groß bist du! ...

3. Wenn mir der Herr in seinem Wort begegnet, / wenn ich die großen Gnadentaten seh, / wie er das Volk des Eigentums gesegnet, / wie er's geliebt, begnadigt je und je, / dann jauchzt mein Herz, dir, großer Herrscher, zu: Wie groß bist du! ...

4. Und seh ich Jesus auf der Erde wandeln / in Knechtsgestalt, voll Lieb und großer Huld, / wenn ich im Geiste seh sein göttlich Handeln, / am Kreuz bezahlen vieler Sünder Schuld, / dann jauchzt mein Herz dir, großer Herrscher, zu: Wie groß bist du! ...

Text: Carl Boberg, 1859-1940
Deutsch: Manfred von Glehn, 1867-1924
Bearbeitung Strophe 2: Hamburg 1993
Melodie: aus Schweden; Satz: Hartmut Stiegler 1993

D Em A7 D Hm
1. Herr, ich se - he dei - ne Welt, das wei - te
Ber - ge, Flüs - se und die Seen, die Tä - ler
Em A D A
Him - mels - zelt, die Wun - der dei - ner Schöp - fung.
und die Höhn sind Zei - chen dei - ner Lie - be.
D Em A7 D Hm
Al - les das hast du ge - macht, den Tag und
Son - ne, Wol - ken, Sand und Meer, die lo - ben
Em A7 D
auch die Nacht; ich dan - ke dir da - für.
dich so sehr, sie prei - sen dei - ne Macht.
G A F♯m H7
Refr.: Dar - um be - te ich dich an, weil ich nicht
Em A D D7
schwei - gen kann; die Freu - de füllt mein Sin - - gen.

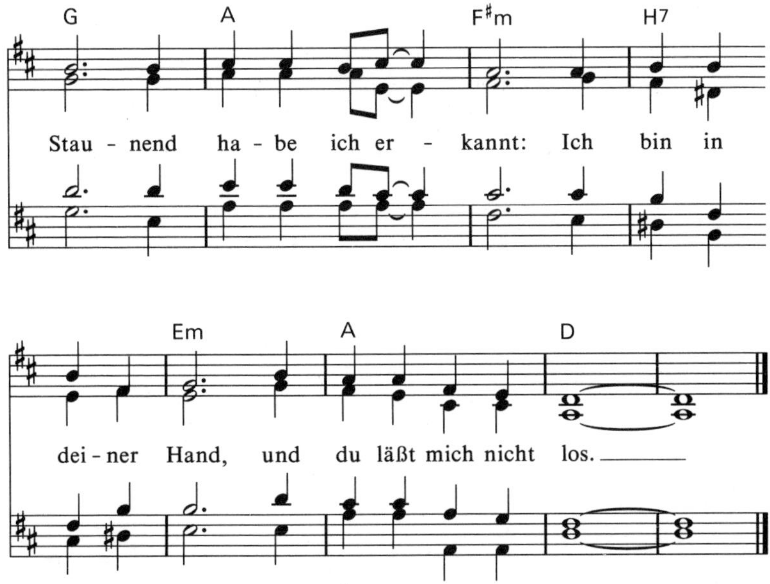

2. Auch die Menschen sind von dir und haben Leben hier durch deine große Güte; Fühlen, Wollen und Verstand sind Werke deiner Hand, entstammen deinem Plan. Ist der Mensch auch sehr entstellt, weil er die Sünde wählt, du willst ihn nicht zerstören. Deine Liebe macht ihn frei von aller Tyrannei, wenn er auf dich vertraut. Darum bete ich dich an ...

3. Herr, weil du der Herrscher bist und alles übersiehst, bin ich in dir geborgen. Kleinste Wesen in der Welt, das große Sternenzelt, hältst du in deiner Hand. Du regierst auch unsre Zeit, und bald ist es soweit, dann wirst du sichtbar kommen. Mit uns sehnt sich die Natur und alle Kreatur nach deiner Herrlichkeit. Darum bete ich dich an ...

Text und Melodie: Peter Strauch
Satz: Gordon Schultz

F B♭ F F7
1. Son - ne, Mond und Ster - ne, __ Wel - len, Meer und Sand
B♭ F G7 C
sind Zeu - gen sei - ner Herr - lich - keit, sei - ner Schöp - fer - hand.
Cm7 F7 B♭ E♭7/9
Je - der klei - ne Kie - sel - stein, je - der Trop - fen Tau
Dm7 G7 C
Refrain
preist Got - tes Grö - ße __ und Macht! Laßt uns
F C7 F
lo - ben un - sern Gott und __ Va - ter, laßt uns
Dm7 G7 B♭ C
prei - sen und an - be - ten den Herrn! Sei - ne
F C F B♭
Lie - be en - det nie, jetzt und e - wig wäh - ret sie. Laßt uns
F C F
prei - sen und lob - sin - gen dem Herrn!

2. Vögel, Bäume, Blumen, Himmel, Erde, Land sind Zeugen seiner Herrlichkeit, seiner Schöpferhand. Jeder Regentropfen, jedes Schneekristall preist Gottes Größe und Macht! Laßt uns loben …

3. Wir als seine Kinder wissen uns geliebt; sind sicher, daß er an uns denkt, unsre Schuld vergibt. Er kennt uns mit Namen, weiß, wie es uns geht. Treu und gerecht ist der Herr! Laßt uns loben …

Text: Lars Mörlid/Peter Sandwall; Übersetzung: Klaus Heizmann
Melodie: Peter Sandwall;

Psalm 106,1 37

Textfassung und Musik: Hartmut Stiegler

38 Klagelieder 3,22.23

Textfassung und Melodie: Edith McNeill
Satz: Marion Warrington

Psalm 67,4-6 39

Text (nach Psalm 67, 4-6) und Melodie: mündlich überliefert

40 Psalm 9,2.3.12

Textfassung: Klaus Heizmann
Melodie: Claude Fraysse 1976

41 Psalm 89,1

Melodie im Kanon
Ober- und Unterstimme singen oder instrumental ausführen

Textfassung und Bearbeitung: Paul Ernst Ruppel 1981
Kanon: Reinhold Kurth um 1940

42
Psalm 104

2. Erzählt, was er tut, besingt seine Macht: Die Werke sind gut, die er sich erdacht; er ordnet sie weise, sie sind ungezählt. Ihn lobe und preise mit uns seine Welt.

3. Geschöpfe weltweit erwarten von Gott zur richtigen Zeit das tägliche Brot; wo er sich abwendet, da sind sie verstört, doch alle Not endet, wenn er sie erhört.

4. Verblaßt mancher Stern und Berge vergehn: Die Ehre des Herrn bleibt immer bestehn, sein Lob wird erklingen in Ewigkeit hin. Dem Herrn will ich singen, solange ich bin.

Text: Robert Grant 1833 (nach Psalm 104)
Freie Übertragung: Günter Balders 1993
Melodie: William Croft 1708

43 Psalm 108

2. Gott, mein Herr, erhebe dich, deine Ehre füll das Land. Hilf mir mit deiner rechten Hand und höre mein Gebet. Ich will dir danken …

3. Gott, mein Herr, du stehst mir bei, denn Menschen helfen nicht. Mit dir will ich mein Leben baun, du kämpfst und siegst mit mir. Ich will dir danken …

Text: Jürgen Werth nach Psalm 108
Melodie und Satz: Johannes Nitsch

D Em
1. Ich lo - be mei - nen Gott, der aus der Tie - fe mich holt,
A D Em A D
___ da-mit ich le be. Ich lo - be mei-nen
Em A D
Gott, der mir die Fes - seln löst, da-mit ich frei bin.
Em A D G D
Refrain: Eh - re sei Gott auf der Er - de in
G A D G A
al - len Stra - ßen und Häu - sern, die Men - schen wer - den
D E4 E7 A
sin - gen, bis das Lied zum Him-mel steigt:
Gm C F B♭ F
Eh - re sei Gott und den Men - schen Frie - den,
Gm C F B♭ F
Eh - re sei Gott und den Men - schen Frie - den,
Gm Dm A D G D G
Frie-den auf Er - den!

2. Ich lobe meinen Gott, der mir den neuen Weg weist, damit ich handle. Ich lobe meinen Gott, der mir mein Schweigen bricht, damit ich rede. Ehre sei Gott …

3. Ich lobe meinen Gott, der meine Tränen trocknet, daß ich lache. Ich lobe meinen Gott, der meine Angst vertreibt, damit ich lebe. Ehre sei Gott …

Text: Hans-Jürgen Netz
Melodie: Christoph Lehmann

45

Psalm 103,1-2

Kanon: Norbert Kissel; © Hänssler-Verlag, Neuhausen-Stuttgart

2. Du kannst ihm vertrauen in dunkelster Nacht, wenn alles verloren erscheint. Er liebt dich, auch wenn du ihm Kummer gemacht, ist näher als je du gemeint. Barmherzig, geduldig und gnädig ist er ...

3. Im Danken kommt Neues ins Leben hinein, ein Wünschen, das nie du gekannt, daß jeder wie du Gottes Kind möchte sein, vom Vater zum Erben ernannt. Barmherzig, geduldig und gnädig ist er ...

4. In Jesus gehörst du zur ewigen Welt, zum Glaubensgehorsam befreit. Er hat dich in seine Gemeinde gestellt und macht dich zum Dienen bereit. Barmherzig, geduldig und gnädig ist er ...

Text: Heino Tangermann; Melodie: Paul Ongman

47

Psalm 31,15.16.22

Melodie: Marion Warrington 1976;

48

2. Wenn ein Mensch vor mir die Tränen wischt aus dem Gesicht, die Verzweiflung weicht, und er schöpft neue Zuversicht und mit einem Lächeln weitergeht, dann freu ich mich, denn ich weiß: Du bist auch heute da. Du führst aus dem Dunkel in das Licht.

3. Wenn zwei Menschen sich die Hände reichen nach dem Streit zur Versöhnung, schwinden müssen Haß und Bitterkeit, und die Wunden endlich heilen, ja, dann freu ich mich, denn ich weiß: Du bist auch heute da. Und dein Friede wirkt in unsrer Zeit.

4. Überall treff ich auf dich, wo ich auch immer bin. Wenn ich deine Spuren sehe und erkenn den Sinn, wünsch ich mir, ein Lichtstrahl deiner Liebe heut zu sein, deiner Liebe, die die Welt erhellt, an dem Platz, wo du mich hingestellt.

Text und Melodie: Karl-Heinz Willenberg

49

2. Ich sing mein Lied ... Seine Güte währet ewiglich.

3. Ich sing mein Lied ... Seine Treu ist alle Morgen neu.

4. Ich sing mein Lied ... Er vergibt mir alle meine Schuld.

5. Ich sing mein Lied ... Er errettet mich aus aller Angst.

6. Ich sing mein Lied ... Er bewahrt mein Leben allezeit.

Text und Melodie: Paul Ernst Ruppel 1972 (nach einem Negro-Spiritual)

2. Wer glücklich werden will, fang an, sich heut zu freun an dem, was Gott ihm gibt, und sei es noch so klein. Wer glücklich werden will …

3. Wer glücklich werden will, der denke doch daran, daß letztlich Gott es ist, der glücklich machen kann. Wer glücklich werden will …

Text: Marion Schäl; Melodie: Gilbrecht Schäl

51

2. Leuchte, Herr, vor mir. Leuchte, Herr, vor mir. Licht von dir laß leuchten, Herr, vor mir.

3. Leuchte, Herr, aus mir. Leuchte, Herr, aus mir. Licht von dir laß leuchten, Herr, aus mir.

Englischer Originaltext:

1. Shine on me, shine on me, let the light of Jesus shine on me.

2. Shine in me, shine in me, let the light of Jesus shine in me.

3. Shine with me, shine with me, let the light of Jesus shine with me.

4. Shine through me, shine through on me, let the light of esus shine through me.

Text und Melodie: mündlich überliefert
Übersetzung: Jörg Swoboda / Theo Lehmann

52

2. Fern von dir suchte ich Frieden und Glück; du aber brachtest mich wieder zurück. Drum will ich lieben dich, mehr lieben, Heiland, dich! Mehr lieben dich, mehr lieben dich!

3. Kommt Kummer über mich, Sorge und Leid, halt ich mich ganz an dich, Herr meiner Zeit. Mehr lieben will ich dich, mehr lieben, Heiland, dich! Mehr lieben dich, mehr lieben dich!

Text: Elizabeth Prentiss 1856
Übersetzung: Heinrich Geerdes Odinga vor 1919; Günter Balders 1992
Melodie: William H. Doane 1870; Satz: Hartmut Stiegler 1993

Psalm 18,3.7; 56,4.5 53

Auch als Kanon zu singen Originaltitel: You are my hiding place
Text und Musik: Michael Ledner; Übersetzung: Gitta Leuschner

2. Jeder Tag hat seine Last, jeder Tag bringt neue Sorgen, und ich weiß nicht, was für morgen du mir, Herr, beschieden hast.

3. Aber eines weiß ich fest: daß mein Gott, der seine Treue täglich mir erwies aufs neue, sich auch morgen finden läßt.

4. Gib mir heute deinen Geist, daß das Band werd stark erfunden, das mich hält mit dir verbunden, und auch morgen nicht zerreißt.

5. Und so will ich meine Bahn ohne Sorgen weiterschreiten. Du wirst Schritt um Schritt mich leiten, bis der letzte Schritt getan.

2. Wenn du kraftlos bist und verzweifelt weinst, hört er dein Gebet.
Wenn du ängstlich bist und dich selbst verneinst, hört er dein Gebet.

3. Wenn die Menschheit vor ihrem Ende steht, hört er dein Gebet.
Wenn die Sonne sinkt und die Welt vergeht, hört er dein Gebet.

Text und Melodie: Mark Heard; Übersetzung: Christoph Zehendner

1. Am En - de, kein Aus - weg und nur noch Angst:
Be - te, Gott hört.
Wenn du dir al - lei - ne nicht hel - fen kannst:
Be - te, Gott hört.
Refrain
So ist Gott, er hört Ge -
So ist Gott, er hört Ge -

2. Wenn Menschen dich hassen und nichts mehr bleibt: Bete, Gott hört. Wenn dich deine Not zur Verzweiflung treibt: Bete, Gott hört. So ist Gott, er hört Gebet ...

3. Wenn du Gottes Handeln nicht mehr verstehst: Bete, Gott hört. Wenn du dich verzweifelt im Kreise drehst: Bete, Gott hört. So ist Gott, er hört Gebet ...

Text: Gertrud Schmalenbach; Melodie: Hella Heizmann; Satz: Klaus Heizmann

1. In den Schat - ten die - ser Welt bist du, Herr, das
D A Hm Hm/A G
Licht. Dar - um ru - fe ich zu dir.
D D F♯ Hm
Herr, ver - laß mich nicht!
A D
Refrain
D
Hilf du mir,
A Em A7 D
Herr, dann ist mir ge - hol - - fen.

2. Im Vergehen unsrer Zeit bist du unser Halt. Darum rufe ich zu dir: Herr, ach komm doch bald! Hilf du mir, Herr, dann ist mir geholfen. Heile mich, Herr, dann bin ich geheilt.

3. In der Not, die mich bedrängt, hoffe ich auf dich. Darum rufe ich zu dir: Herr, errette mich! Hilf du mir, Herr, dann ist mir geholfen. Heile mich, Herr, dann bin ich geheilt.

4. Aus der Angst, die auf mir lag, hast du mich befreit. Dafür danke ich dir, Herr, bis in Ewigkeit. Lob sei dir, Herr, du hast mir geholfen. Lob sei dir, Herr, du hast mich geheilt.

Der Begleitsatz ist instrumental zu spielen oder zu summen.

Der Refrain ist vierstimmig singbar.

Text: Johannes Jourdan;
Melodie: Siegfried Fietz
Satz: Hartmut Stiegler 1993

2. Du bist die Wahrheit, dein ist das Reich. Du bist die Liebe, mach uns dir gleich! Tilge die Zwietracht, wo sie uns trennt, gib Frieden aller Christenheit, die dich bekennt.

3. Du bist das Leben in Ewigkeit. In deinen Händen ruht unsre Zeit. Ruf uns mit Namen, kehr bei uns ein, gib Frieden allen Herzen, Herr, Gott, wir sind dein.

Text: Anna Martina Gottschick 1964
Melodie: Manfred Schlenker 1976
Begleitsatz: Hartmut Stiegler 1993

59

Text: Wolfgang Poeplau
Melodie: Ludger Edelkötter

Wort Gottes

60 Psalm 33,4

Textunterlegung: Horst Krüger 1990
Melodie und Satz: Alexandre Lesbordes

61

Psalm 119,89

B. Halleluja, Halleluja.

Musik: aus Irland; Bearbeitung: Horst Krüger 1991

62

Text: nach Otto Riethmüller 1936; Kanon zu 3 Stimmen: Bodo Hoppe 1957

63

2. Wird es dunkel in den Städten, gehen tausend Lichter an, daß sich jeder auf den Straßen richtig orientieren kann. Was das Licht in finstren Nächten, ist die Bibel in der Zeit. So bringt Gott in dunkle Stunden Licht aus seiner Ewigkeit. Für Gottes Wort …

3. Ist die Existenz gesichert, bleibt das Leben doch bedroht. Für den großen Lebenshunger brauchst du Gottes Lebensbrot. Jeder sucht den Sinn des Lebens. Keiner lebt vom Brot allein. Und auf unsre Lebensfragen wird die Bibel Antwort sein. Für Gottes Wort …

Text: Theo Lehmann / Jörg Swoboda 1991
Melodie: Jörg Swoboda 1991

64

2. Ich erkenne, dein Wort hält stets, was es verspricht. Ich erkenne, dein Wort hält stets, was es verspricht. Vater …

3. Ja, in Zeit und Ewigkeit hat dein Wort Bestand. Ja, in Zeit und Ewigkeit hat dein Wort Bestand. Vater …

4. Freude, Kraft, Mut, Zuversicht, all das schenkt dein Wort. Freude, Kraft, Mut, Zuversicht, all das schenkt dein Wort. Vater …

Text und Melodie: Walter Gschwandtner;

2. Erst komm ich und dann komm ich. Pausenlos geht es um mich. Was mich aus dem Strudel reißt, ist, Herr, dein Geist. Daß …

3. Ist die Weiche falsch gestellt, wird am Schluß das Ziel verfehlt. Daß ein Mensch die Umkehr schafft, wirkt deine Kraft. Daß …

Text: Jörg Swoboda / Theo Lehmann; Melodie: Jörg Swoboda

66

Jesaja 55,11; Psalm 119,105; Jeremia 23,29

2. Dein Wort ist unsres Fußes Licht, das jeden Schritt erhellt. Es führt den neuen Tag herauf im Dunkel dieser Welt. Herr …

3. Wir rechnen Herr, mit deinem Wort, das wie ein Hammer ist und das des Teufels Macht zerschlägt, weil du der Sieger bist. Herr …

Text: Johannes Jourdan; Melodie: Klaus Heizmann

F B♭
1. Wir kom - men zu dir, wir ver - traun uns dir
F F
an. Wir brau - chen dein Licht, wir brau - chen dein
C4 C C7 F C F B♭
Le - ben. Wir kom - men zu dir, wir ver - traun uns dir
F Dm7 Gm C7 F
an, Je - sus, un - ser Herr!

2. Wir kommen zu dir, wir vertraun uns dir an. Wir hörn auf dein Wort, wir hörn auf dein Reden. Wir kommen zu dir, wir vertraun uns dir an, Jesus, unser Herr.

3. Wir kommen zu dir, wir vertraun uns dir an. Du bist uns schon nah und kommst uns entgegen. Wir kommen zu dir, wir vertraun uns dir an, Jesus, unser Herr.

Beim Abendmahl:

4. Herr, du kommst zu uns, wir vertraun uns dir an. Im Brot und im Wein sehn wir deine Liebe. Herr, du kommst zu uns, wir vertraun uns dir an, Jesus, unser Herr.

Text, Melodie und Satz: Hartmut Stiegler

2. Korinther 4,5 68

Kanon: Herbert Beuerle

Abendmahl

69 1. Korinther 11,23-26

2. In jener Nacht vor seinem Tod, nahm er den Kelch gleich wie das Brot: »Trinkt alle draus«, und sprach zugleich: »Das ist mein Blut, mein Blut für euch.«

3. Wir essen heute dieses Brot, verkünden heute deinen Tod, trinken den Kelch, bis nach der Zeit den Tisch du deckst in Ewigkeit.

Text (nach 1. Korinther 11, 23-26): Günter Balders 1986
Melodie und Satz: Robert Henry Earnshaw 1856-1929

70

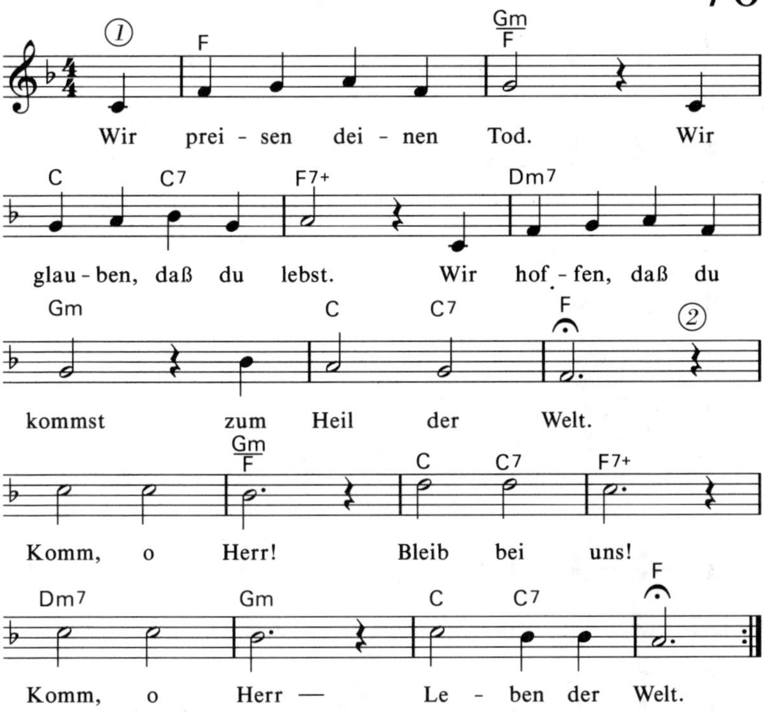

Text: Christine Gaus; Übersetzung: Diethard Ziels
Melodie: Michel Wackenheim

71

1. Un - ser Herr Je - su lädt ___ uns ein,
an sei - nem Tisch nun Gast ___ zu sein,
seg - net das Brot und seg - net den
Wein. Hal - le - lu - - ja.

2. Nehmt, eßt und trinkt, wie er es gebot, kündet das Heil in Christi Tod. Segnet den Kelch und segnet das Brot! Halleluja.

3. Ehre dem Vater! Halleluja. Ehre dem Sohne! Maranatha! Ehre sei Gott, dem Heiligen Geist! Halleluja.

Text: Günter Balders 1983; Melodie: Giovanni da Palestrina 1594 / William Henry Monk vor 1899

72

2. Seht, so ist Gott: ein Vater, der uns liebt und seinen Sohn für uns zum Opfer gibt.

3. Nehmt Brot und Wein, die Zeichen seiner Huld. Durch Christi Tod sind wir befreit von Schuld.

4. Kommt, schmeckt und seht, wie freundlich ist der Herr. Er lädt uns ein. Wir geben ihm die Ehr.

Text: Günter Balders 1992; Melodie: Orlando Gibbons 1623

Gemeinde und Gemeinschaft

73

2. Wenn wir fortan nicht voneinander lassen, so ist es seine Treu, die hält uns fest. Daß wir einander an den Händen fassen, macht seine Liebe, die uns nie entläßt.

3. Daß wir gemeinsam an die Arbeit gehen, vereint zum selben Werke, Hand bei Hand, ist sein Gebot. Er hat uns ausersehen zum Dienst in seiner Welt und ausgesandt.

Als vierstimmigen Chorsatz in G-Dur anstimmen

Text: Joachim Dachsel; Melodie und Satz: Alfred Scott-Gatty 1902
Bearbeitung: Hamburg 1992

Matthäus 18,20 74

Kanon: Kommunität Gnadenthal;

75 Johannes 17,21; Psalm 133,1.3

Textfassung und Melodie: Rick Ridings
Übersetzung: Jugend mit einer Mission

2. Woher wir stammen, fragt er nicht. Er lädt zu Brot und Wein, bringt alle uns an seinen Tisch, und läßt uns eines sein.

3. Drum, Christen, bindet fest den Bund. Was trennt, das bleibe fern. Wer unserm Vater dienen will, der ist verwandt dem Herrn.

4. In Christus trifft sich Ost und West; er eint auch Süd und Nord, schafft selbst die gute, neue Welt und spricht das letzte Wort.

Text: nach John Oxenham 1908; Übersetzung: Hamburg 1971
Strophen 1-3 Bearbeitung Hartmut Handt 1986 nach M. Liesegang 1924,
Strophe 4: Samuel Rothenberg
Melodie: Alexander Robert Reinagle 1836; © (Text) Friedrich Wittig Verlag, Hamburg

1. Wir brin - gen dir, der un - sern Weg be - gann
und uns be - wahrt von al - lem An - fang an,
für dei - ne Lie - be un - sern Lob - ge - sang,
hal - le - lu - ja, hal - le - lu - - - ja!

2. Wir danken dir, du hast dein Wort gewährt, das allen gilt und wirkt und nicht verjährt; für deine Wahrheit, die dein Geist uns lehrt, halleluja, halleluja!

3. Wir danken dir, du hast in dunkler Zeit dein Licht verliehen gegen Angst und Leid; für alle Hoffnung, die das Herz befreit, halleluja, halleluja!

4. Wir danken dir, du bist von früh bis spät uns spürbar nah als Freund, der uns versteht; für alle Kraft, erfahren im Gebet, halleluja, halleluja!

5. Für Wort und Kraft, die Liebe und das Licht, das allen scheint zum Heil und zum Gericht, für Jesus Christus, unsre Zuversicht, halleluja, halleluja!

Text: nach L.J. Egerton Smith von Günter Balders 1991
Melodie und Satz: John Roberts vor 1877

Sendung und Dienst

78 Johannes 20,21

2. Der Friede ist mehr als ein schöner Gedanke. Der Friede packt zu und durchbricht jede Schranke, denn Jesus sagt uns: Friede ...

3. Der Friede ist dort, wohin wir ihn tragen. Wir müssen nur selbst den ersten Schritt wagen, denn Jesus sagt uns: Friede ...

Text: (Strophen) Johannes Jourdan und (Refrain) Hans-Werner Scharnowski
Melodie (Strophe) und Satz: Klaus Heizmann

Text, Melodie und Satz: Hartmut Stiegler

2. In die Schuld der Welt hast du uns gestellt, um vergebend zu ertragen, daß man uns verlacht, uns zu Feinden macht, dich und deine Kraft verneint. Herr, wir bitten …

3. In den Streit der Welt hast du uns gestellt, deinen Frieden zu verkünden, der nur dort beginnt, wo man wie ein Kind deinem Wort Vertrauen schenkt. Herr, wir bitten …

4. In das Leid der Welt hast du uns gestellt, deine Liebe zu bezeugen. Laß uns Gutes tun und nicht eher ruhn, bis wir dich im Lichte sehn. Herr, wir bitten …

5. Nach der Not der Welt, die uns heute quält, willst du deine Erde gründen, wo Gerechtigkeit und nicht mehr das Leid deine Jünger prägen wird. Herr, wir bitten …

Text und Melodie: Peter Strauch

81 Johannes 1,5; 3,19-21; 2. Korinther 3,18

2. Herr, voll Ehrfurcht komm ich zu deinem Thron, aus dem Dunkel ins Licht des Gottessohns. Durch dein Blut kann ich nun vor dir stehen. Prüf mich, Herr, laß mein Dunkel vergehen. Sei mein Licht, sei mein Licht! Jesus, dein Licht füll dies Land mit des Vaters Ehre...

3. Schau'n wir, König, zu deinem Glanze auf, dann strahlt dein Bild auf unser'm Antlitz auf. Du hast Gnade um Gnade gegeben, dich widerspiegelnd erzähl unser Leben von deinem Licht, von deinem Licht! Jesus, dein Licht füll dies Land mit des Vaters Ehre ...

Text (nach Johannes 1,5; 3,19-21; 2. Korinther 3,18) und
Melodie: Graham Kendrick 1988
Übersetzung: Manfred Schmidt 1988

82

1. Wie groß ist dei - ne Gü - te, Herr! Sie
und wie das wei - te Wol - ken - meer sind
reicht so weit der Him - mel ist;
dei - ne Wun - der, Je - sus Christ.
Kommt,
singt dem, der des Rüh - mens wert, dem
Kö - nig Him - mels und der Erd.

2. Wie schön bist du, dem keiner gleicht, in deiner Herrlichkeit und Pracht. Dein Wort der Gnade uns erreicht, dein Werk des Heils uns selig macht. Wir loben dich und beten an voll Dank für das, was du getan.

3. Erweck dein Volk in aller Welt durch deines Heil'gen Geistes Kraft; schenk Einigkeit, die dir gefällt, und Mut zu treuer Zeugenschaft. Das Reich ist dein und dein der Ruhm. O Herr, nimm ein dein Eigentum.

4. Ach komm, du Herrscher auf dem Thron, der du am Kreuz schon längst gesiegt. Wie groß ist deiner Schmerzen Lohn, wenn alles dir zu Füßen liegt, wenn deine Gnade triumphiert und aller Menschen Herz regiert!

Text: Charles Wesley 1743
Übersetzung: Günter Balders 1986/1992
Melodie: Henry Carey um 1723

83

Text: Ursula Schlenker 1950
Melodie: Alfred Stier 1950

84

F Gm C7
Refr.: Je - sus, ich will gehn, - sen - de mich.
Gm7 C F Cm7 F7
Je - sus, ich will gehn, sen - de mich. Ich will
B♭ B♭m6 F D
le - ben mit - dir, ge - brau - che mich. -
Gm C7 F B♭ F
Je - sus, ich will gehn, - sen - de mich.

2. Du darfst seine Frage nicht mehr übersehn: »Wen soll ich senden? Wer will gehn?« Gib dein ganzes Leben als ein Opfer hin. Komm, fang an, bekenne ihn. Jesus, ich will gehn …

Text und Musik: Arnold Börud
Übersetzung: Diethelm Strauch
Baßstimme: Hartmut Stiegler

85

2. Liebe geb ich euch … Laß sie fließen zu den andern …

3. Hoffnung geb ich euch … Laß sie fließen zu den andern …

4. Freude geb ich euch … Laß sie fließen zu den andern …

5. Gnade geb ich euch … Laß sie fließen zu den andern …

6. Segen geb ich euch … Laß ihn fließen zu den andern …

Text und Musik: Graham Kendrick 1979; Übersetzung: Hartmut Stiegler 1985

Im Wechsel (Vorsänger/Gemeinde) und als Kanon zu singen

86

2. Du kannst es nicht finden schnell im Vorübergehn. Bei der Jagd nach Wohlstand, da wirst du es nicht sehn. Doch das Licht ist gekommen, das hat unsre Nacht erhellt. Es wird niemals verlöschen in der Welt. Doch das Licht …

3. Dort, wo Menschen tragen des andern Last und Leid, neue Freude wecken in dumpfer Traurigkeit, ist das Licht hingekommen, das hat unsre Nacht erhellt. Es wird niemals verlöschen in der Welt. Dieses Licht ist die Liebe, die von Gott gekommen ist, sie ist Mensch geworden in Jesus Christ.

Text und Melodie: Karl-Heinz Willenberg

87 Psalm 25,3

2. So wie ich bin – dein Ruf mir gilt. Du bist's, der meinen Hunger stillt, denn du, Herr, bist das Lebensbrot. So komme ich, mein Herr und Gott. Keiner wird zuschanden ...

3. So wie ich bin, nimmst du mich an, gibst meinem Leben Ziel und Plan. Ich trau der Gnade Angebot. So komme ich, mein Herr und Gott. Keiner wird zuschanden ...

4. So wie ich bin – du zeigst den Weg, alles in deine Hand ich leg. Auch wenn die Angst mich noch bedroht: So komme ich, mein Herr und Gott. Keiner wird zuschanden ...

5. So wie ich bin – jetzt bin ich dein. Dir will ich folgen, dir allein, auch wenn es geht durch Hohn und Spott: So komme ich, mein Herr und Gott. Keiner wird zuschanden ...

Text: Bodo Hoppe; Melodie: Burkhard Ulke

2. Es ist niemand zu gut, es ist niemand zu schlecht, es ist niemand zu frech oder scheu. Es ist niemand zu schuldig und niemand zu gerecht; seine Liebe macht uns völlig neu. Gott öffnet jedem die Tür ...

3. Es macht einer schon früh und ein andrer erst spät von dem Angebot Gebrauch, mancher wartet zu lange, bis es nicht mehr geht. Warte nicht, sonst verpaßt du es auch. Gott öffnet jedem die Tür ...

Text und Melodie: Manfred Siebald

Alle:
Refr.: Am mei - sten, am mei-sten liebt dich Gott! Am
mei - sten, am mei - sten liebt _ dich Gott! Er
hört dich, wenn du rufst, ist da, wenn du ihn _ suchst,
___ am mei - sten, am mei - sten liebt dich Gott!
Einer:
1. Als du noch nicht ge - bo - ren warst, hat er dich
schon ge - kannt, und als du fast ver-lo - ren warst, ist
er dir nach - ge - rannt. Er hat dich so ge - liebt, daß

2. Komm raus aus deiner Dunkelheit, komm in das Licht hinein! Mit offnen Armen steht Gott da, er lädt dich zu sich ein. Er hat dich so geliebt und will dein Vater sein, er will dein Vater sein, komm doch nach Haus. Am meisten, am meisten liebt dich Gott ...

Text, Melodie und Satz: Hartmut Stiegler

Psalm 105,3 90

Kanon: Bodo Hoppe

2. Heute schon im Geist der neuen Welt, die Christus schafft, denken, reden, tun! Er zerbricht den Zwang zum Bösen. Er macht Menschen frei. Hoffnung für die Welt! Hilf uns, Herr ...

3. Weil er auferstanden ist, trennt uns kein Tod von ihm. Uns hält seine Hand. Jesus Christus lebt! Der Tod hat keine Zukunft mehr. Gott hat ihn besiegt. Hilf uns, Herr ...

Text und Melodie: Jörg Swoboda

92

2. Schlag an den Fels. Eine Quelle bricht auf. Du hast sein Wort. Nun verlaß dich darauf. Zweifle nur nicht. Du wirst schon sehn.

3. Hab keine Angst und geh mitten durchs Meer. Du hast sein Wort. Er geht selbst vor dir her. Zweifle nur nicht. Du wirst schon sehn.

Text und Melodie: Jörg Swoboda

2. Jesus ist der Weg für mich. Jesus ist der Weg für dich. Jesus ist der Weg zum Vaterhaus. Er nahm unsre Schuld auf sich. Herr, …

3. Jesus Christus, er ruft mich. Jesus Christus, er ruft dich. Mach dich auf und folge Jesus nach. Er nahm unsre Schuld auf sich. Herr, …

Text und Melodie: Peter Strauch

94

2. Fäuste, die drohen und schlagen, Fäuste, die roh und gemein, soll'n wieder Hände werden, soll'n wieder Hände sein! …

3. Augen, die falsch sind wie Schlangen, Augen, die kalt sind und klein, soll'n wieder Augen werden, soll'n wieder Augen sein! …

4. Menschen, die starr sind wie Eisen, Menschen, die niemand verzeih'n, soll'n wieder Menschen werden, soll'n wieder Menschen sein! …

Text: Jörg Swoboda / Theo Lehmann; Melodie: Jörg Swoboda

95

RUF ZUM GLAUBEN

2. Kündigt's den Sündern überall: Gott hat uns lieb! Er kam vom Thron ins Erdental: Gott hat uns lieb. Sehet, der Heiland ist nun da, der für uns starb auf Golgatha! Wir sind erlöst, halleluja! Gott hat uns lieb. Gott hat uns lieb ...

3. Jubelt, die ihr euch ihm geweiht: Gott hat uns lieb! Schmeckt seine Güt' und Freundlichkeit: Gott hat uns lieb. Er ist der Seinen Sonn' und Schild und unsrer Lieb' und Hoffnung Bild, er ist's, der allen Kummer stillt, Gott hat uns lieb. Gott hat uns lieb ...

Text: Howard Kingsbury; Übersetzung: Ernst Gebhardt vor 1884
Melodie: Edmund Simon Lorenz vor 1942

96

1. Komm doch zur Quel - le des Le - bens, mü - de vom
ziel - lo - sen Lauf, komm, denn es ist nicht ver-
ge - bens: Ei - ner nimmt ger - ne dich auf.
Ach komm doch mit, wa - ge den Schritt, ge - he zu dem, der dir

2. Komm doch zur Quelle des Lebens mit der belastenden Schuld, komm, denn es ist nicht vergebens: Einer hat mit dir Geduld. Ach komm doch mit, wage den Schritt, gehe zu dem, der dir gerne vergibt. Jesus, die Quelle des Lebens, reinigt dich, weil er dich liebt.

3. Komm doch zur Quelle des Lebens, wund und enttäuscht wie du bist, komm, denn es ist nicht vergebens: Einer dich niemals vergißt. Ach komm doch mit, wage den Schritt, gehe zu dem, der dich kennt und versteht. Jesus, die Quelle des Lebens, heilt dich, bevor es zu spät.

4. Jesus, die Quelle des Lebens, gibt meinem Leben den Sinn, Jesus, die Quelle des Lebens, zeigt mir Woher und Wohin. Ich komme mit, wage den Schritt, gehe zu ihm und bekenne es neu: Du bist die Quelle des Lebens, du bist barmherzig und treu.

Text: Frances Jane van Alstyne-Crosby 1885
Freie Übertragung: Günter Balders 1983
Melodie: George Coles Stebbins 1885

97

D A/C♯ Hm F♯m
Refr.: Kommt, at - met auf, ihr sollt le - ben. Ihr
G A Em A
müßt nicht mehr ver - zwei - feln, nicht län - ger mut - los sein.
D A/C♯ Hm F♯m
Gott hat uns sei - nen Sohn ge - ge - ben. Mit
Em A D
Schluß
ihm kehrt neu - es Le - ben bei uns ein.
D Hm Em A D
1. Ihr, die ihr seit lan - gem nach dem Le - ben jagt,
G F♯m G Em A4 A
und bis - her ver - geb - lich Ant - wor - ten er - fragt.
D F♯ Hm F♯m Hm
Hört die gu - te Nach - richt, daß euch Chri - stus liebt,
von vorn
G F♯m G Em A4 A
daß er eu - rem Le - ben Sinn und Hoff - nung gibt.

2. Ihr seid eingeladen. Gott liebt alle gleich. Er trennt nicht nach Farben, nicht nach arm und reich. Er fragt nicht nach Rasse, Herkunft und Geschlecht. Jeder Mensch darf kommen. Gott spricht ihn gerecht. Kommt, atmet auf …

3. Noch ist nichts verloren, noch ist Rettung nah. Noch ist Gottes Liebe für uns Menschen da. Noch wird Leben finden, wer an Jesus glaubt. Noch wird angenommen, wer ihm fest vertraut. Kommt, atmet auf …

Text und Melodie: Peter Strauch

98

2. Du bist Gottes Wunschkind. Schön, daß es dich gibt. Herrlich, wie der Herr dich über alles liebt. Gott ist kein Gedanke ...

3. Du bist Gottes Perle. Er verliert dich nicht. Er sorgt für dein Leben, daß es nicht zerbricht. Gott ist kein Gedanke ...

Text: Jörg Swoboda / Theo Lehmann; Melodie: Jörg Swoboda

99

2. Mit Jesus fängt das Ende an von meinem alten Trott. Mit ihm beginnt der erste Schritt auf meinem Weg zu Gott: ein Weg, der nicht nur gerade ist, nicht nur ein leichtes Spiel, der trotzdem eine Richtung hat, Verbindung mit dem Ziel! Ich möchte leben …

3. Mit Jesus unterwegs zu sein, gibt meinem Leben Sinn. Dieser Weg hilft mir dabei, zu werden, was ich bin; denn Jesus gibt mir für mein Leben prägendes Profil, hält mich auf dem Weg zumVater, bringt mich hin zum Ziel! Ich möchte leben …

Text und Melodie: Christoph Haus / Burckhard Bahr / Joachim Gnep

100

RUF ZUM GLAUBEN

Bekenntnis

Philipper 3,13 **101**

2. Denn du bist der Weg, und auf deinem Weg komm ich voran. Denn du bist der Weg, und auf deinem Weg komm ich voran. Ich vergesse, was hinter mir liegt …

3. Denn du bist das Ziel, und an deinem Ziel bin ich zuhaus. Denn du bist das Ziel, und an deinem Ziel bin ich zuhaus. Ich vergesse, was hinter mir liegt …

Text und Melodie: Hartmut Stiegler 1990

2. Ohne Anfang, ohne Ende suchten wir in unsrer Nacht nach dir, doch damit dich jeder von uns fände, scheint dein Stern in unser Dunkel hier.

3. Ohne Anfang, ohne Ende hast du Kraft und hast du Herrlichkeit. Doch du gibst dich hin in Menschenhände, und wir laden Schuld auf dich und Leid.

4. Ohne Anfang, ohne Ende scheint das Reich des Bösen sich zu freun. Doch du nimmst trotz aller Widerstände diese Welt mit deiner Liebe ein.

5. Ohne Anfang, ohne Ende hast du dich zu dieser Welt gestellt. Komm in unsre Herzen, unsre Hände; komm in uns und komm durch uns zur Welt.

Text und Melodie: Manfred Siebald; Satz: Johannes Nitsch

Jesaja 53,4 **103**

2. Fürwahr, er trug unsre Krankheit, fürwahr, er trug unsre Schmerzen. Geschlagen, doch ohne Sünde, mißhandelt, doch ohne Schuld. Verraten, verlassen, verurteilt, durchbohrt, ein Lamm auf der Schlachtbank: gekreuzigter Gott, gekreuzigter Gott.

3. Fürwahr, er trug unsre Krankheit, fürwahr, er trug unsre Schmerzen. Genesen durch seine Wunden, sind wir unversehrt und heil. Er steht auf der Seite der Armen, der Kleinen, vertraut mit der Ohnmacht, der liebende Gott, der liebende Gott.

Text: Eugen Eckert; Melodie: aus Chile; © HABAKUK, Frankfurt/Main

104

2. O Jesu, all mein Glaube bist du, Ursprung allen Lichts. Meine Hoffnung bist du, Heiland des Gerichts. Meine Liebe bist du, Trost und Seligkeit. All mein Leben bist du, Gott der Herrlichkeit, o Jesu!

3. O Jesu, meine Rettung bist du, ohne dich kein Heil. Mein Verlangen bist du, gib an dir mir teil. Meine Speise bist du hier in dieser Zeit. Alles, alles bist du in der Ewigkeit, o Jesu!

Text: Strophe 1 Hannover 1838; Strophe 2 Georg Thurmair 1938;
Strophe 3 Ermländer Gesangbuch
Melodie: Hannover 1838/Köln 1853; Satz: Karl Forster

105

Intonation
oder Zwischenspiel
Instrument ad lib.
1. Er ist er - stan - den, hal - le - lu -
Denn un - ser Hei - land hat tri - um -
ja! Freut euch und sin - get, hal - le - lu - ja!
phiert, all sei - ne Feind' ge - fan - gen er führt.
1.-4. Laßt uns lob - sin - gen vor un - se - rem Gott,
der uns er - löst hat vom e - wi - gen Tod.

2. Er war begraben drei Tage lang. Ihm sei auf ewig Lob, Preis und Dank; denn die Gewalt des Tods ist zerstört; selig ist, wer zu Jesus gehört. Laßt uns lobsingen …

3. Der Engel sagte: »Fürchtet euch nicht! Ihr suchet Jesus, er ist hier nicht. Sehet, das Grab ist leer, wo er lag: er ist erstanden, wie er gesagt.« Laßt uns lobsingen …

4. Er ist erstanden, hat uns befreit; dafür sei Dank und Lob allezeit. Uns kann nicht schaden Sünd oder Tod, Christus versöhnt uns mit unserm Gott. Laßt uns lobsingen …

Text: Bernhard Kyamanywa; Übersetzung: Ulrich S. Leupold 1969
Melodie: aus Tansania; Satz: Herbert Beuerle 1993

106 Philipper 2,9-11

2. Du bist Herr, du bist Herr. Du bist auferstanden, und du bist Herr. Jedes Knie muß sich beugen, jede Zunge soll bekennen, daß du bist unser Herr.

Textfassung und Melodie: Marvin V. Frey, Croton-on-Hudson, USA

107

2. Er schenkt seines Geistes Fülle seiner Kirche, kommt mit Macht, sendet uns zu allen Völkern, richtet auf sein Reich in Kraft. Er kommt wieder, um zu richten die Toten und die Lebenden. Dann muß jedes Knie sich beugen, jeder Mund bekennen: Jesus, Herr der Herrn ...

Text und Melodie: Graham Kendrick 1986
Übersetzung: Manfred Schmidt

2. Das Höchste meines Lebens ist: Dich lieben, Herr!

3. Das Höchste meines Lebens ist: Dir dienen, Herr!

Text und Melodie: Mark Pendergrass
Übersetzung: Gitta Leuschner

Psalm 72 109

2. Ihn krönt Gebet und Lobgesang. Ihm gilt auf ewig aller Dank. Sein Name fällt des Bösen Fluch und füllt die Welt mit Wohlgeruch.

3. Menschen aus jedem Volk und Land reicht er aus Liebe seine Hand; und schon das Lob aus Kindermund macht seine Herrschaft allen kund.

4. Wo er regiert, wird alles neu. Seht: Die Gefangnen macht er frei, Fremde lädt er bei sich zu Gast und nimmt den Müden ihre Last.

5. Alle Geschöpfe nah und fern, bringt euren Dank und preist den Herrn! Rühm seinen Namen, Engelheer! Welt, singe Amen! Ihm sei Ehr!

Text (nach Psalm 72): Isaac Watts 1719
Übersetzung: Strophe 1 nach H. von Berge 1927; Strophe 2-5 Günter Balders
Melodie: John Hatton 1793

110

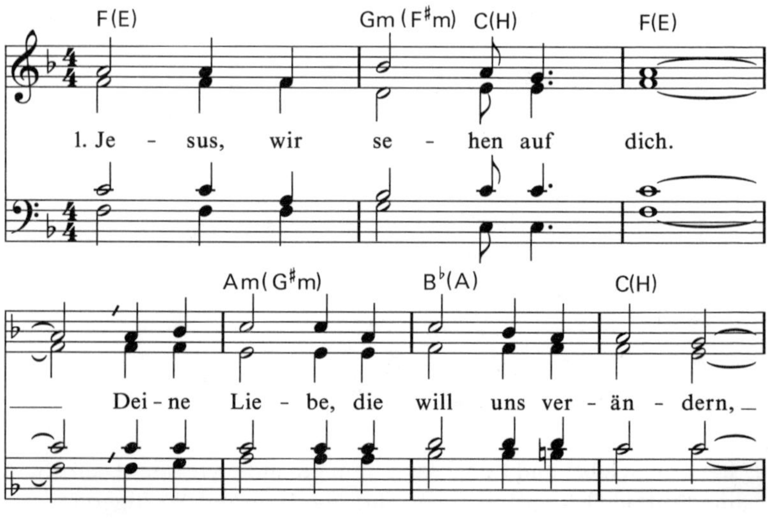

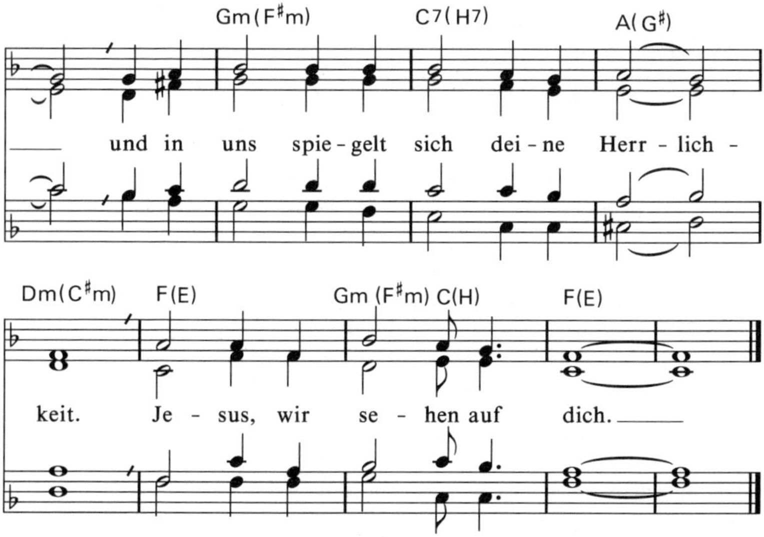

Falls Str. 1 und 2 in E:
Modulation für Str. 3 in F:

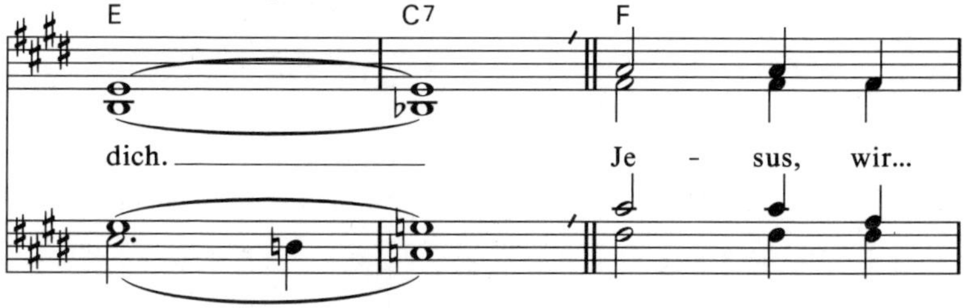

2. Jesus, wir hören auf dich. Du hast Worte des ewigen Lebens, und wir haben erkannt: Du bist Christus. Jesus, wir hören auf dich.

3. Jesus, wir warten auf dich. Du wirst kommen nach deiner Verheissung. Alle Menschen, sie werden dich sehen. Jesus, wir warten auf dich.

Text und Musik: Peter Strauch

111 Richter 5,31

2. Viele Tränen werden noch geweint, und der Mensch ist noch des Menschen Feind. Doch weil Jesus für die Feinde starb, hoffen wir, weil er uns Hoffnung gab. Die Gott lieben …

3. Krieg und Terror sind noch nicht gebannt, und das Unrecht nimmt noch überhand. Doch der Tag, er steht schon vor der Tür. Herr, du kommst! Wir danken dir dafür. Die Gott lieben …

4. Noch verbirgt die Dunkelheit das Licht, und noch sehen wir den Himmel nicht. Doch die Zeit der Schmerzen wird vergehn, und dann werden wir den Vater sehn. Die Gott lieben …

Text und Melodie: Peter Strauch
Begleitsatz: Hartmut Stiegler 1993

1. Ich blik - ke voll Beu - gung und Stau -
nen, hin - ein in das Meer sei - ner Gnad ___ und
lau - sche der Bot - schaft des Frie - dens, die
er mir ver - kün - di - get hat. ___ *Refr.:* Sein
Kreuz be - deckt mei - ne Schuld, ___ sein Blut macht

2. Wie lang hab ich mühvoll gerungen, geseufzt unter Sünde und Schmerz! Doch als ich mich ihm überlassen, da strömte sein Fried in mein Herz. Sein Kreuz bedeckt meine Schuld …

3. Sanft hat seine Hand mich berühret; er sprach: »O mein Kind, du bist heil!« Ich faßte den Saum seines Kleides: Da ward seine Kraft mir zuteil. Sein Kreuz bedeckt meine Schuld ...

4. Der Fürst meines Friedens ist nahe; sein Antlitz ruht strahlend auf mir. O horcht seiner Stimme, sie rufet: »Den Frieden verleihe ich dir!« Sein Kreuz bedeckt meine Schuld ...

Text: Wilbur Fisk Crafts vor 1922
Übersetzung: Dora Rappard vor 1923
Melodie: William Fisher vor 1912

113

D A A7
Du ver - gibst mir all mei - ne Schuld, und du heilst al - le
D D7
mei - ne Ver - let - zun - gen, und du sal - best mein Haupt mit Öl,
G D A
daß ich wie - der ge - sund wer - de.
D G A
Je - sus Chri - stus, Sie - ger von Gol - ga - tha, dein Tod hat zer-
Chri - stus, du Auf - er - stan - de - ner, du Lamm Got - tes
1. G D 2. D
bro - chen des Sa - tans Macht! Je - sus auf dem Thron
Männer A Frauen D
Kommt, be - tet ihn an! auf dem Thron!
Männer A Frauen D
Kommt, be - tet ihn an! den Got - tes - sohn!

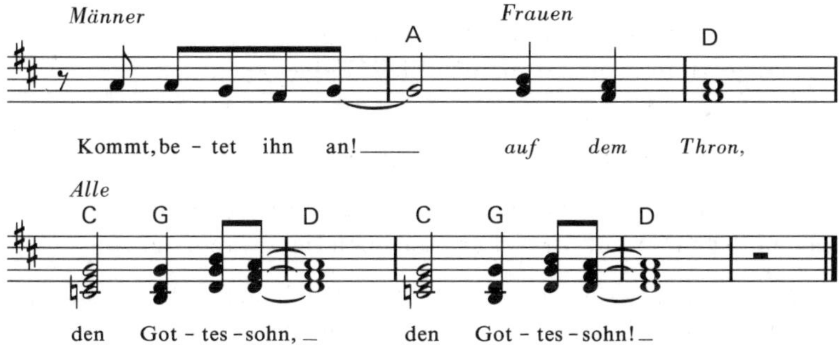

Text und Melodie: Horst und Inge Wallis

114

2. Er hat uns selbst gesagt: »Der Vater hat euch lieb. Darum seid unverzagt, stellt euch auf meinen Sieg. Freuet euch …«

3. »Wer meiner Kraft vertraut, wird meine Wunder sehn, und meine Herrlichkeit wird allzeit mit ihm gehn. Freuet euch …«

4. »In der Welt, da habt ihr Angst, doch ich habe sie besiegt! Wer meinem Namen traut, der ist es, der mich liebt. Freuet euch …«

5. »Meine Freude sei mit euch, auch in Dunkelheit und Streit. Und meine Siegesmacht führt euch in Herrlichkeit. Freuet euch …«

Text und Melodie: Kommunität Gnadenthal

115

2. Freut euch! Der Herr regiert! Seht, Jesus ging voran; nach seinem Sieg am Kreuz trat er die Herrschaft an. Es kommt sein Reich ...

3. Freut euch! Er schafft ein Reich voll Wahrheit, Recht und Licht, und Sünde, Tod und Hölle herrschen länger nicht. Es kommt sein Reich ...

4. Freut euch! Der Herr kommt bald! Wacht auf und seid bereit! Er kommt und spricht: »Ich führ euch ein zur Herrlichkeit. Ererbt das Reich! Kommt her zum Thron, empfangt den Lohn und freuet euch!«

Text: Charles Wesley 1744
Übersetzung: Günter Balders 1992
Melodie: John Darwall 1770

Nachfolge

116 Philipper 4,13

2. Neu wird mein Leben durch den, der mich frei macht. Neu wird mein Leben durch Jesus Christus. Er ist uns Weg und Wahrheit und Leben. Er ist uns Licht.

3. Still wird mein Sorgen durch den, der mich liebhat. Still wird mein Sorgen durch Jesus Christus. Er ist uns Weg und Wahrheit und Leben. Er ist uns Licht.

4. Stark wird mein Lieben durch den, der mich froh macht. Stark wird mein Lieben durch Jesus Christus. Er ist uns Weg und Wahrheit und Leben. Er ist uns Licht.

Text und Melodie: Hildegard Hendrichs 1971
Satz: Wolfgang Kabus

Philipper 4,4 117

Kanon: Friedgard Kertz

118

2. Gott lieben ohne Ende: hat er uns doch zuerst geliebt, der seinen Sohn uns zur Seite gibt. Gott lieben ohne Ende.

3. Gott leben alle Tage: mit Staunen sehen, was er getan, und tun, was er zu tun begann. Gott leben alle Tage.

4. Gott loben in der Stille. Gott lieben, liebt er doch immerfort. Gott leben, handeln nach seinem Wort. Gott loben in der Stille.

Text: Günter Balders 1984
Melodie: Anders Nyberg 1873; Satz: J.P.Bekkers 1935

Johannes 13,34.35; 15,1-11

119

Text (nach Johannes 13,34-35; 15,1-11): Danny Daniels
Übersetzung: Rudolf Kassühlke
Melodie: Randy Rigby

120 Johannes 15,1-16

2. Bleibet in mir – ihr werdet lieben und zueinander stehn; wie ich dem Vater treu geblieben, laßt eure Liebe sehn. Ich bin bereit, mich ganz zu geben, zu opfern als ein Freund; aus meinem Tod erwächst euch Leben: Ihr bleibt mit mir vereint.

3. Bleibet in mir – ihr werdet loben, denn frei seid ihr und rein, erwählt durch mich, dazu erhoben, nicht Knechte mehr zu sein. Nun lebt in Freiheit euer Leben, die Frucht sei euch gewährt. Bittet den Vater: Er wird geben, was bleibt und was ihn ehrt.

Text (nach Johannes 15,1-16): Günter Balders 1988/1990
Melodie: Straßburg 1545; Satz: bei Friedrich Layriz 1853 / Hartmut Stiegler 1992

Prediger 1,2; Psalm 102,27; Offenbarung 3,5 121

Text: Gerhard Fritzsche; Kanon: Theophil Rothenberg

122

2. Schenk uns Weisheit, schenk uns Mut, für die Wahrheit einzustehen und die Not um uns zu sehen. Schenk uns Weisheit, schenk uns Mut!

3. Schenk uns Weisheit, schenk uns Mut für die Zeit, in der wir leben, für die Liebe, die wir geben. Schenk uns Weisheit, schenk uns Mut!

4. Schenk uns Weisheit, schenk uns Mut für die vielen kleinen Schritte. Herr, bleib du in unsrer Mitte. Schenk uns Weisheit, schenk uns Mut!

Text und Melodie: unbekannt
Satz: Wolfgang Kabus

123

2. Freiheit ist nicht nur ein Wort. Freiheit, das sind Worte und Taten. Als Zeichen der Freiheit ist Jesus gestorben, als Zeichen der Freiheit für diese Welt.

3. Hoffnung ist nicht nur ein Wort. Hoffnung, das sind Worte und Taten. Als Zeichen der Hoffnung ist Jesus lebendig, als Zeichen der Hoffnung für diese Welt.

Text: Eckart Bücken
Melodie: Gerd Geerken

1. Wie ein Fest nach lan - ger Trau - er, wie ein
Feu - er in der Nacht, ein off - nes Tor in ei ner
Mau - er, für die Son - ne auf - ge - macht. Wie ein
Brief nach lan - gem Schwei - gen, wie ein un - ver - hoff - ter
Gruß, wie ein Blatt an to - ten Zwei - gen, ein »Ich-
mag - dich - trotz - dem - Kuß.« So ist Ver - söh - nung.
So muß der wah - re Frie - de sein. So ist Ver -
söh - nung. So ist Ver - ge - ben und
Ver - zeihn. So ist Ver -
1.
2.

2. Wie ein Regen in der Wüste, frischer Tau auf dürrem Land. 𝄾 Heimatklänge für Vermißte alte Feinde, Hand in Hand. Wie ein Schlüssel im Gefängnis, wie in Seenot »Land in Sicht«, wie ein Weg aus der Bedrängnis, wie ein strahlendes Gesicht. So ist …

3. Wie ein Wort von toten Lippen, wie ein Blick, der Hoffnung weckt, 𝄾 wie ein Licht auf steilen Klippen, wie ein Erdteil, neu entdeckt. Wie der Frühling, wie der Morgen, wie ein Lied, wie ein Gedicht, wie das Leben, wie die Liebe, wie Gott selbst, das wahre Licht. So ist …

Text: Jürgen Werth
Melodie: Johannes Nitsch

125

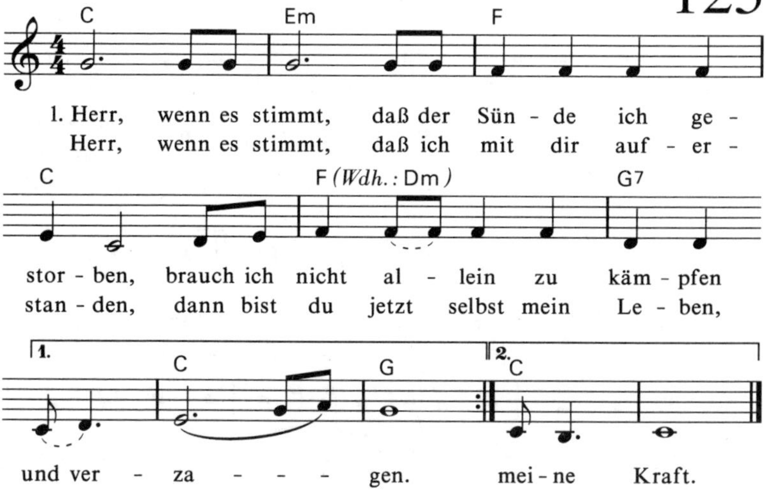

2. Herr, wenn es stimmt, daß du nichts von mir erwartest, weil du weißt, daß ich ohne dich nichts tun kann, Herr, wenn es stimmt, daß du nur darauf gewartet, daß ich alles das erkenne, dann fang an!

3. Herr, weil es stimmt, daß du alles schon getan hast, möchte ich dich nun erleben jeden Tag. Auch wenn es schmerzt, brich den Stolz und meine Ehre, daß ich sehe, daß ich ohne dich nichts bin.

Text und Melodie: Hans-Joachim Eckstein;

126

2. Wollest mich bewahren, wenn der Satan droht, du bist der Retter, Herr, von Sünd und Tod. In der Weltnacht Dunkel leuchte mir als Stern. Herr, bleibe bei mir, sei mir niemals fern. Quelle …

3. Bald wird uns leuchten Gottes ewges Licht, freue dich, Seele, und verzage nicht! Laß die Klagen schweigen, wenn das Lied erschallt fröhlichen Glaubens: Unser Herr kommt bald! Quelle …

Text: Berta Schmidt-Eller
Melodie: Naphtali Herz Imber

A
1. Wie tief kann ich fal - len, — wenn
D Hm7 E
al - les zer - fällt, wenn Brük - ken und Stüt - zen ver -
A E E7 A
schwin - den? Wie lang muß ich lau - fen — auf
D Hm E
die - ser Welt, um si - che - ren Bo - den zu
E7 A A C♯ D
fin - den? Nie tie - fer als in Got - tes
Hm E A
Hand, nie län - ger als in sei - ne Nä - -
E A A7 D
he. Nie bau ich mein Le - ben auf
Hm E E7 A
Sand, wenn ich je - den Schritt mit ihm ge - he.

2. Wie frei kann ich werden? Man hält sich für frei und hört doch nicht auf, sich zu binden. Wie klar kann ich sehen? Wer hilft mir dabei, das Ziel meines Lebens zu finden! Nie freier als in Gottes Hand, nie klarer als in seiner Nähe. Nie bau ich mein Leben …

3. Wie weit kann ich denken? Wie komm ich dahin, nicht nur für mich selber zu leben? Wie gut kann ich helfen, wenn andre sich mühn, den Berg ihrer Sorgen zu heben? Nie weiter als in Gottes Hand, nie besser als in seiner Nähe. Nie bau ich mein Leben …

Text und Melodie: Manfred Siebald

128

2. Wir sind des Herrn! So kann im dunklen Tale uns nimmer graun, uns scheint ein heller Stern; der leuchtet uns mit ungetrübtem Strahle, es ist das teure Wort: Wir sind des Herrn! Wir sind des Herrn! So wird er uns bewahren im letzten Kampf, wo andre Hilfe fern; uns wird kein Leid vom Tode widerfahren, das Wort bleibt ewig wahr: Wir sind des Herrn!

Text: Philipp Spitta; Unterlegung: Hamburg 1990
Melodie: aus Irland; Satz: Hartmut Stiegler 1993

Vertrauen

129

Text und Musik: Jacques Berthier

D A7
1. Von gu - ten Mäch - ten treu und still um -
Hm7 G D
ge - ben, be - hü - tet und ge - trö - stet wun - der-
Em A D A7
bar, so will ich die - se Ta - ge mit euch
Hm G D A7 D
le - ben und mit euch ge - hen in ein neu - es Jahr.
Refrain
D A7
Von gu - ten Mäch - ten wun - der - bar ge -
Hm G Em
bor - gen er - war - ten wir ge-trost, was kom - men
A D A7 Hm
mag. Gott ist mit uns am A - bend und am Mor - gen
G A7 D
und ganz ge - wiß an je - dem neu - en Tag.

2. Noch will das alte unsre Herzen quälen, noch drückt uns böser Tage schwere Last; ach Herr, gib unsern aufgeschreckten Seelen das Heil, für das du uns geschaffen hast. Von guten Mächten …

3. Und reichst du uns den schweren Kelch, den bittern, des Leids, gefüllt bis an den höchsten Rand, so nehmen wir ihn dankbar ohne Zittern aus deiner guten und geliebten Hand. Von guten Mächten …

4. Doch willst du uns noch einmal Freude schenken an dieser Welt und ihrer Sonne Glanz, dann wolln wir des Vergangenen gedenken und dann gehört dir unser Leben ganz. Von guten Mächten …

5. Laß warm und hell die Kerzen heute flammen, die du in unsre Dunkelheit gebracht, führ, wenn es sein kann, wieder uns zusammen! Wir wissen es, dein Licht scheint in der Nacht. Von guten Mächten …

6. Wenn sich die Stille nun tief um uns breitet, so laß uns hören jenen vollen Klang der Welt, die unsichtbar sich um uns weitet, all deiner Kinder hohen Lobgesang. Von guten Mächten …

Text: Dietrich Bonhoeffer 1944; Melodie: Siegfried Fietz

131 Psalm 31,16

VERTRAUEN

2. Hast und Eile, Zeitnot und Betrieb nehmen mich gefangen, jagen mich. Herr, ich rufe: komm und mach mich frei! Führe du mich Schritt für Schritt. Meine Zeit steht in deinen Händen ...

3. Es gibt Tage, die bleiben ohne Sinn. Hilflos seh ich, wie die Zeit verrinnt. Stunden, Tage, Jahre gehen hin, und ich frag, wo sie geblieben sind. Meine Zeit steht in deinen Händen ...

Text und Melodie: Peter Strauch

132 Psalm 115,12; 84,12; 1. Petrus 5,7; Jesaja 26,4; 5. Mose 4,29; Matthäus 7,8

Textgestaltung und Musik: Hartmut Stiegler 1982/92

2. Ver - laßt euch stets auf den Herrn, denn
F
Am
Dm
Gott, der Herr ist ein e - wi - ger Fels!
D♭
C4
G7
C
3. Sucht ihn täg - lich, sucht ihn von gan-zem Her - zen!
F
B♭
C
F
Denn wer bit - tet, em-pfängt, wer sucht, der fin - det, wer
A
Dm
Gm
Dm
G
an-klopft, dem öff-net er die Tür!
E♭
F
G4
G
eu

133

2. Er ist Schöpfer dieser Welt.

3. Er hat Macht und Herrlichkeit.

4. Laßt uns loben unsern Gott.

5. Ihm sei Ehre, Lob und Preis.

6. Wir vertrauen unserm Gott.

Text: Peter Sandwall 1981; Übersetzung: Helmut Mülnikel
Melodie aus Afrika

134 Jesaja 26,4

2. Auch mit Gott gerät man in Krisen, Probleme, die unfaßbar sind. Trotz aller Zweifel seid dennoch gewiß: Er schläft nicht und sorgt für sein Kind. Vertraut auf den Herrn …

3. Wo feststeht, daß alles im Fluß ist, schwimmt vielen der Glaube mit fort. Gott ist unwandelbar, denn er ist Gott. Seid sicher. Der Herr hält sein Wort. Vertraut auf den Herrn …

4. Die Mächtigen kommen und gehen, und auch jedes Denkmal mal fällt. Bleiben wird nur, wer auf Gottes Wort steht, dem sichersten Standpunkt der Welt. Vertraut auf den Herrn …

5. Und lehrt eure Kinder das eine, daß über Gott keiner mehr steht, daß auch der Größte klein beigeben muß, wenn Gott kommt und alles vergeht. Vertraut auf den Herrn …

6. Wer stirbt, der wird nicht nur zu Erde. Gott ruft ihn zum Jüngsten Gericht. Finsternis bleibt für die einen zuletzt, die anderen dürfen ans Licht. Vertraut auf den Herrn …

Text: Jörg Swoboda / Theo Lehmann; Melodie: Jörg Swoboda

135

2. Herr, der Weg, den du mich führst, endet nicht mit meinem Tod. Das würde sich nicht lohnen. Weil du mich begleiten wirst, gehe ich zu dir, mein Gott, und werde bei dir wohnen. Deine Hand, Herr …

3. Vater, ich will deine Hand, ganz egal, was auch passiert, ⁷ immer neu erfassen. Herr, wie gut, daß ich dich fand, denn du hältst mich garantiert. Ich will dich nie verlassen. Deine Hand, Herr …

Text: Marion Schäl; Melodie: Gilbrecht Schäl

2. Wenn sich vor meinen Augen alles drehte, dann war dein Wort ein fester Halt für mich. Du hörtest mich, wenn ich um Hilfe flehte, und Wege aus der Angst fand ich durch dich. Ich danke dir, mein Gott! ...

3. Du trugst mich auch, wenn Traurigkeit mich drückte, und wischtest mir die Tränen vom Gesicht. Du warst mein Trost, wenn mir kein Schritt mehr glückte. In meiner Nacht erkannte ich dein Licht. Ich danke dir, mein Gott! ...

Text: Theo Lehmann / Jörg Swoboda
Melodie: Jörg Swoboda

137

1. Breit dei - ne star - ken Hän - de ü - ber
mei - nem Le - ben aus. Und laß mich
stil - le wer - den, du bringst mich gut nach
Haus. Herr, mei - ne Ruh und Stär - ke, bist

2. Aus Lärm und aus der Stille finde ich den Weg zu dir. Die Angst und alle Sorgen bring ich mit und laß sie hier. Herr, ich dank dir für die Gnade, die dieser Tag gebracht, daß ich heute dich gefunden. Du hast mich reich gemacht.

Text und Satz: Hartmut Stiegler
Melodie: Volkslied aus Schweden

138

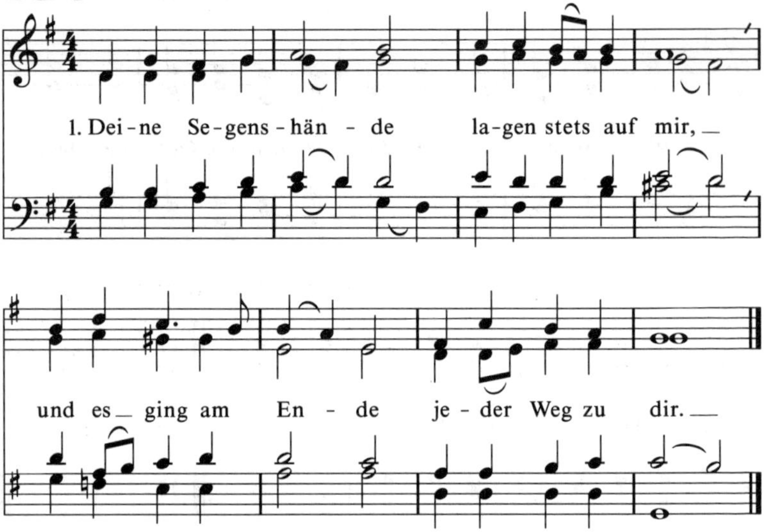

2. Auch in wirren Stunden warst du tröstend da, eh ich dich gefunden, kamst du mir schon nah.

3. Alles, was vergangen, wuchs aus deiner Huld, und von dir umfangen war auch meine Schuld.

4. Nichts traf mich vergebens, Glück nicht und Gefahr, weil der Grund des Lebens deine Liebe war.

Text: Johannes Wilfert 1912; Unterlegung: Bernhard Lorenz 1988
Musik: Karl Erik Svedlund 1945

Nr. 139
Melodie und Satz: Horst Krüger

Nr. 140
Melodie: unbekannt; Satz: Paul Ernst Ruppel

Die Lieder Nr. 139/140 können kombiniert werden

Römer 8,28 139

Psalm 126,5 140

141 Psalm 33,20-21

1. Wir hof - fen auf den Herrn, er

hilft uns und be - schützt uns. Wir ver - trau - en ihm,

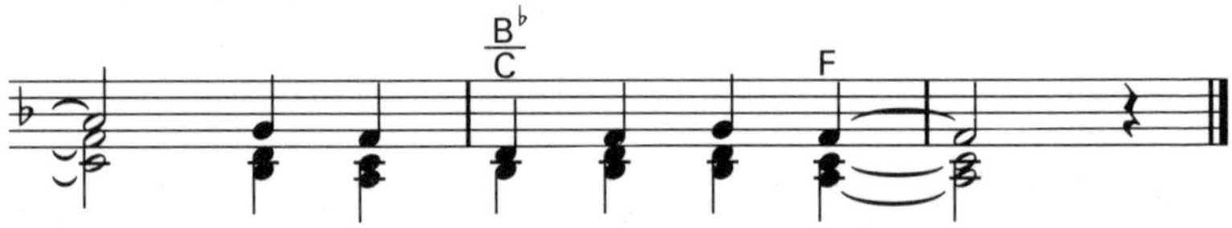

denn auf ihn ist Ver - laß.

2. Wir hoffen auf den Herrn, er liebt uns und vergibt uns. Wir vertrauen ihm, denn auf ihn ist Verlaß.

3. Wir hoffen auf den Herrn, er führt uns und bewahrt uns. Wir vertrauen ihm, denn auf ihn ist Verlaß.

Text (nach Psalm 33,20.21) und Musik: Hartmut Stiegler 1990

142

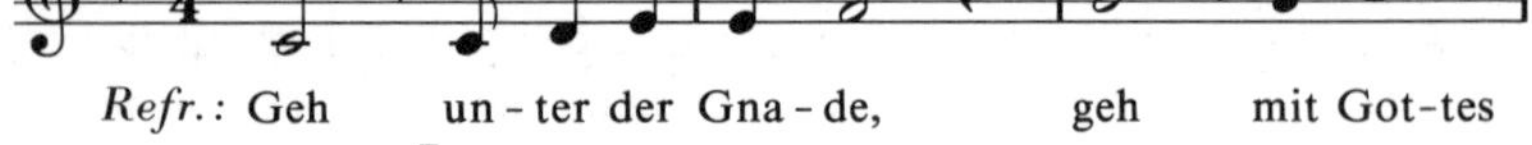

Refr.: Geh un - ter der Gna - de, geh mit Got-tes

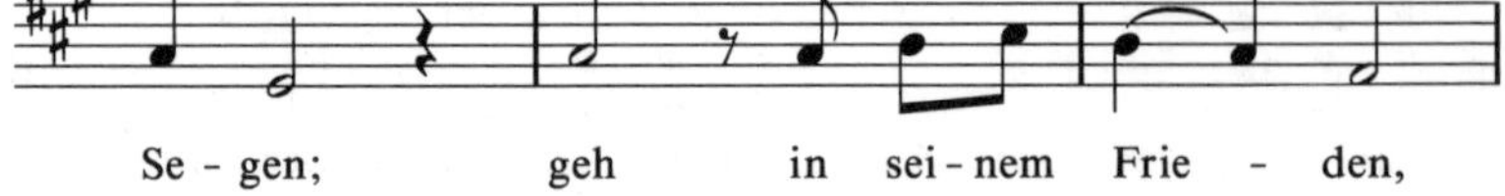

Se - gen; geh in sei - nem Frie - den,

VERTRAUEN

2. Neue Stunden, neue Tage zögernd nur steigst du hinein. Wird die neue Zeit dir passen? Ist sie dir zu groß, zu klein? Geh unter der Gnade ...

3. Gute Wünsche, gute Worte wollen dir Begleiter sein. Doch die besten Wünsche münden alle in den einen ein: Geh unter der Gnade ...

D G D A
Refr.: Frie - de, Frie - de, Frie - de sei mit dir!
Frie - de sei mit dir,
D G F♯ Hm Em7 A4 A D
Frie - de, Frie - de, Frie - de sei mit dir!
A
1. Nicht je - nes War - ten, wenn die Waf - fen schwei - gen,
G Hm
wenn sich noch Furcht und Haß die Waa - ge hält,
A G
wenn sich Ver - lie - rer vor den Sie - gern beu - gen:
F♯m Em A7
nicht der Frie - de die - ser Welt.

2. Nicht jene Stille, die den Tod verkündet, da, wo es früher einmal Leben gab, wo man kein Wort und keine Tat mehr findet: nicht die Stille überm Grab. Friede, Friede …

3. Der tiefe Friede, den wir nicht verstehen, der wie ein Strom in unser Leben fließt, der Wunden heilen kann, die wir nicht sehen, weil es Gottes Friede ist. Friede, Friede …

4. Der Friede Gottes will in dir beginnen, du brauchst nicht lange, bis du es entdeckst: was Gott in dich hineinlegt, bleibt nicht innen – Friede, der nach außen wächst. Friede, Friede …

Text und Melodie: Manfred Siebald
Satz: Hartmut Stiegler 1980

144

2. Er ist ein guter Hirt, der treu sein Schäflein führt; er weidet mich auf grüner Au, tränkt mich mit Himmelstau.

3. Wenn sich die Sonn verhüllt, der Löwe um mich brüllt, so weiß ich auch in finstrer Nacht, daß Jesus mich bewacht.

4. Und glitte je mein Fuß, brächt mir die Welt Verdruß, so eilt ich schnell zu Jesu Herz, der heilte meinen Schmerz.

5. Drum blick ich nur auf ihn, o seliger Gewinn! Mein Jesus liebt mich ganz gewiß, das ist mein Paradies!

Text: Anne Steele vor 1778; Übersetzung: Ernst Gebhardt vor 1899
Melodie: Nikolai Alexejewitsch Titoff vor 1875

145

2. Und unter denselbigen Flügeln, wie wunderbar ruhe ich aus, da ist meine Zufluchtsstätte, mein festes, sicheres Haus. Der Feind mag über mir kreisen und zielen und spähn, wie er will, die Flügel sind stark, die mich decken, und unter den Flügeln bleibt's still.

3. Ja, unter den Flügeln geborgen und auf den Flügeln bewahrt, das gibt ein seliges Ruhen, das gibt eine glückliche Fahrt, das gibt ein sicheres Wissen bei wechselnder Pilgerschaft, denn unter den Flügeln ist Frieden, und auf den Flügeln ist Kraft.

Text: Anni von Viebahn vor 1931
Musik: Emil Janssen 1920

Morgen und Abend

146

2. Und was mein Werk auch sei, ich spreche froh dabei: Gelobt sei Jesus Christ! Die schönsten Früchte bringt ein Herz, das freudig singt: Gelobt sei Jesus Christ!

3. Die Finsternis wird Licht, wenn treu mein Herze spricht: Gelobt sei Jesus Christ! Wenn Traurigkeit mich plagt, so ruf ich unverzagt: Gelobt sei Jesus Christ!

4. Ihr Menschenkinder all, singt laut mit Jubelschall: Gelobt sei Jesus Christ! Rings um den Erdenkreis ertöne Gott zum Preis: Gelobt …

5. Singt, Himmel, Erd' und Meer, sing, aller Sterne Heer: Gelobt sei Jesus Christ! Es schalle weit und breit in alle Ewigkeit: Gelobt …

Text: Würzburg 1828
Melodie und Satz: Joseph Barnby 1868

147

2. Noch ist alles um mich still, und ich kann dich hören. Was mir heut begegnen will, du bereitest mich vor. Ein neuer Tag …

3. Was mir Angst und Sorgen schafft, das kann ich dir sagen. Du selbst gibst mir deine Kraft, denn ich bin zu schwach. Ein neuer Tag …

4. Du begegnest mir im Wort, Herr, ich kann dich schauen. Du scheuchst alles Sorgen fort, erhebst mir das Haupt. Ein neuer Tag …

5. Deinen Frieden schenkst du mir, ich kann dir vertrauen. Ich bin dein, gehöre dir, du läßt mich nicht los. Ein neuer Tag …

6. Herr, ich weiß, der Weg ist gut, auf dem du mich leitest, sinkt mir manchmal auch der Mut, du selbst gehst voran. Ein neuer Tag …

7. Und so geh ich in den Tag ganz froh und bereitet, was mir auch begegnen mag, ich bin nie allein. Ein neuer Tag …

Text und Melodie: Helga Poppe, Kreuzbruderschaft

148

2. Warm fällt der Regen glitzernd vom Himmel, Tropfen wie Silber aus Gottes Hand. Freut euch am Duft der fruchtbaren Erde. Lobt Gott, ihr Leute in jedem Land!

3. Mein ist die Sonne! Mein ist der Morgen! Licht von dem Licht, das Eden einst sah. Freut euch im Herrn und lobt jeden Morgen. Gott schuf den Tag. Und: Heute ist da!

Text: Eleanor Farjeon
Übersetzung: Jörg Swoboda
Melodie: Gälische Melodie
Satz: Lyndell Leathermen 1988

149

2. Trübe und schwer ziehn die Wolken dahin, der Asphalt scheint so schwarz, und die grauen Nebel ziehn. Ich singe laut von der Sonne des Herrn, die trotz Wolken mir scheint, die trotz Nebel mir nicht fern. Herr, ich lobe dich ...

3. Ob ich Gott fühle und spür seine Kraft, oder fehlt mir der Mut, und die Kraft in mir erschlafft: Gott ist bei mir, auch wenn ich ihn nicht seh, wenn die Freude mir fehlt, ich durch Dunkelheiten geh. Herr, ich lobe dich ...

Text und Melodie: Peter Strauch

2. Ist mir heut gelungen, 𝄾 was ich mir erträumt? Und wer kann es zählen, 𝄾 𝄾 was ich versäumt? Du nimmst die Schuld von mir. Diesen Tag, Herr …

3. Wieviel Worte blieben besser ungesagt? Wann hab ich gedankt und wie oft nur geklagt? Du weißt ja, wie ich bin. Diesen Tag, Herr …

4. Scheint mir auch das Leben 𝄾 𝄾 oft ohne Sinn, frag ich mich auch manchmal: 𝄾 Wo führt es mich hin? Du kennst auch meinen Weg. Diesen Tag, Herr …

Text und Melodie: Martin Gotthard Schneider

151

1. Ein Tag ist vor - ü - ber, ein Tag mei - ner Zeit, ge -
lie - he - ne Stun - den, be - grenzt und doch weit für
Wün - sche und Wag - nis, für Han - deln und Sein. Hab
Dank für den Tag, Herr, hab Dank, er war dein.

2. Ein Tag ist vorüber, ein Tag meiner Schuld. Du hast mich getragen in deiner Geduld. Verzeih mir die Wege der eigenen Wahl. Nur dein Weg war hell, auch im finsteren Tal.

3. Ein Tag ist vorüber, ein neuer wird sein, wenn du ihn mir schenkst, Herr, denn du nur allein wachst in meinen Nächten und wehrst aller Angst. Nur dir zu vertrauen ist, was du verlangst.

4. Ein Tag ist vorüber, ein Tag dieser Welt, durch Krankheit und Hunger und Habsucht entstellt. Dein Tag, Herr, will kommen und enden das Leid, der Tag deines Reiches, der Tag Ewigkeit.

Text: Günter Balders 1985; Melodie und Satz: Christian Lahusen 1949

Lukas 24,29 152

Kanon: Albert Thate 1935

Ausführungsvorschlag: Kanon für drei Frauenstimmen. Als vierte Stimme singen die Männer das Lied „Der Mond ist aufgegangen“

Text: Helmut König 1947; Melodie: D. Samburski 1935

154

Auch mit dem Text: Bleib mit deinem Frieden bei uns ...

Bleib mit deiner Liebe bei uns ...

Bleib mit deinem Segen bei uns …

Text und Musik: Jacques Berthier;

155

2. Schalom, Schalom, die Liebe sei mit dir, Schalom, Schalom, die Liebe sei mit dir. Die Liebe deines Heilands, der dich ohne Bedingungen liebt, die Liebe, die nichts nachträgt, die immer nur vergibt.

3. Schalom, Schalom, die Freude sei mit dir, Schalom, Schalom, die Freude sei mit dir. Die Freude, die vollkommen und die dir auch im Leide noch bleibt, die Freude, die auch andre in Jesu Arme treibt.

Schluß: Schalom, Schalom, Gottes Friede sei mit dir, Schalom, Schalom, Gottes Friede sei mit dir.

Text und Melodie: Gisela Steil

156

Philipper 4,7

2. Gottes Liebe, die viel tiefer ist, als wir ahnen können, wird bewegen unsre Hände, unsern Fuß zum Nächsten hin.

3. Gottes Hoffnung, die viel weiter reicht, als wir sehen können, sie wird öffnen unsre Augen und uns zeigen Gottes Ziel.

4. Jesus Christus, unser guter Herr, wir sind froh, bei dir zu sein. Du beschenkst uns mit dem Leben, deiner Kraft und Herrlichkeit.

Text und Melodie: Karl-Heinz Willenberg
Satz: Hartmut Stiegler 1982

G C Am G C Am D G
1. Komm, Herr, seg - ne uns, daß wir uns nicht tren - nen,
C Am Em Am D G
son - dern ü - ber - all uns zu dir be - ken - nen.
Hm Am G Em A D
Nie sind wir al - lein, stets sindwir die Dei - nen.
G Am Em D G Am D G
La - chen o - der Wei - nen wird ge - seg - net sein.

2. Keiner kann allein Segen sich bewahren. Weil du reichlich gibst, müssen wir nicht sparen. Segen kann gedeihn, wo wir alles teilen, schlimmen Schaden heilen, lieben und verzeihn.

3. Frieden gabst du schon. Frieden muß noch werden wie du ihn versprichst uns zum Wohl auf Erden. Hilf, daß wir ihn tun, wo wir ihn erspähen – die mit Tränen säen, werden in ihm ruhn.

4. Wie 1. Strophe

Hinweis: Gitarrenharmonien sind nicht zusammen mit dem Satz zu verwenden.

Text und Melodie: Dieter Trautwein
Satz: Hartmut Stiegler

158

2. Bewahre uns, Gott. Behüte uns, Gott. Sei mit uns in schweren Tagen. Voll Wärme und Licht im Angesicht, sei um uns, daß wir nicht verzagen.

3. Bewahre uns, Gott. Behüte uns, Gott. Sei mit uns vor allem Bösen. Sei Wille und Kraft, die Frieden schafft, sei in uns, uns zu erlösen.

4. Bewahre uns, Gott. Behüte uns, Gott. Sei mit uns durch deinen Segen. Dein Heiliger Geist, der Leben verheißt, sei um uns auf unsern Wegen.

Text: Eugen Eckert; Melodie: Anders Ruuth

159

Kanon: Hermann Stern vor 1978

160 4. Mose 6,24-26

Melodie: Dora Rappard vor 1923
Satz: Johannes Giffey 1929

Text und Melodie: mündlich überliefert (aus Afrika)
Übertragung: Dieter Trautwein 1984
Satz: Stephen Cuthbert Molefe

Verzeichnis der Lieder